TREMA Y TAXIDERMIA

Inés Oliveira Amat

COLECCIÓN ITES

TREMA Y TAXIDERMIA

© Inés Oliveira Amat
© Cubierta: *No te escaparás*, de la serie *Los Caprichos* (1799), Francisco de Goya
© Del prólogo: Luis Caballero
© Texto de contraportada: Alejandro Compaired
© de esta edición: Olé Libros, 2025

ISBN: 979-13-87951-00-9
Depósito legal: V-3241-2025
Impreso en España

KALOSINI, S. L.
Grupo editorial olélibros
equipo@olelibros.com
www.olelibros.com

Para los afectados por el trema
y para Luis

PRÓLOGO

El término *trema* tiene varias acepciones en los diccionarios. En lingüística es un signo diacrítico. En botánica nombra una mirtácea. En psicopatología y para el psiquiatra alemán que lo propuso, Klaus Conrad, designa un singular estado mental de tensa incertidumbre en el que «se cuestiona la propia existencia». Inés Oliveira ha elegido este término para dar cobijo a un conjunto de poemas cuya fenomenología va de lo desconcertante y desolador («Agua y aceite», «La inutilidad de la palabra») a lo sensual y jubiloso («El verano valenciano», «El verano todavía»); de lo urgente e inaplazable («La conquista vertical», «El poder») a lo tan calmo («El mundo amable», «El fervor se enseña»), que parece resistirse a cualquier acción, casi a vivir. Y en todos ellos late, a la vez, la conciencia y la extrañeza de una misma y del deseo, recorriendo escenarios luminosos u oscuros en los que, si el amor no pudo o no quiso quedarse, dejó una huella indeleble en la memoria.

El término *taxidermia* da nombre al «arte de disecar y naturalizar animales muertos para darles la apariencia de estar vivos». Y es verdad que en los poemas cobijados en este segundo título, un propósito revitalizador —tácito o expreso— recorre un arco que nace de una primera persona entrañable e íntima («La semilla», «Aprender a leer»), se detiene en una compasiva alteridad («Sin tierra», «El enfermo») y en la extrañeza y el misterio de los encuentros humanos («La cena»), y culmina en esos tres últimos versos prodigiosos del poema «Taxidermia» que da título a esta segunda parte.

Inés dirá en el prefacio que sigue a estas líneas que este libro ya le pasó, y que ahora habita otros mundos. Si es así, hay que agradecerle, y mucho, el registro radiante de su paso por esos otros previos que también vivió y que la hicieron. Juzgue el lector.

Luis Caballero

PREFACIO

Este poemario es el resultado de un tiempo de breve intensidad y palabras nuevas al que ahora saludo con gesto tierno y solo ligeramente distante. En 1969 Borges cierra así el prólogo de su poemario de juventud *Fervor de Buenos Aires*, escrito en el año 1923: «En aquel tiempo, buscaba los atardeceres, los arrabales y la desdicha; ahora, las mañanas, el centro y la serenidad». Sin demasiada lejanía —y lejos de su sabiduría— podría decirse que en aquel tiempo buscaba asir los conceptos, doblegar un apetito y escarbar en lo adverso; ahora disfruto de la promesa de lo construido, de cultivarme en mi oficio y de la amistad.

Inés Oliveira

Y detrás de los mitos y las máscaras,
el alma, que está sola.

JORGE LUIS BORGES

Así que el eco persistía. Y el deseo
nos retenía y nos atormentaba
aunque sabíamos que en nuestro cuerpo
nunca se concedería.

Lo sabíamos, y en las noches oscuras, lo aceptábamos.
Qué dulce se volvía entonces la noche,
una vez que el deseo nos liberaba,
qué absolutamente silenciosa.

LOUISE GLÜCK

Trema

EL MUNDO AMABLE

Soñó con cielos blancos y tierras fértiles, hermosas,
hogar de animales fantásticos, de hombres con piel de cera.
La experiencia era el enemigo; por eso eran ingenuos
y tropezaban, obedientes, con las mismas piedras.
Según su doctrina eran lo bueno el monstruoso deseo,
los cuerpos desnudos al sol o el afecto o compartir el pan.
Por eso la conciencia de los hombres de cera era como la de un niño
que sabe que el rosal no es el rosal y la moral solo sirve para el frío
y que la contemplación es impotencia, la impotencia del amar.

AGUA Y ACEITE

Si mi consistencia fuera otra
si el material fuese amor, amor líquido
con ternura dentro, limpia y sólida
si de verdad mi materia fuera otra
y no esta confusión oscura de deseo
quizás tendría la oportunidad o la gloria
de haber vivido un día verdadero
y no esta sucesión de cosas juntas
que me acongojan y me hunden
en los mismos agujeros.

Sinonimia

Ansia, afán, anhelo
unión mística con el todo
la embestida que no permite fugas al futuro
ni permear hacia el pasado la tristeza
antojo, pasión, capricho
éxtasis plácido y gracioso;
somos la conciencia y su deseo, tan negado
por lo que es real, su desperdicio.

El club del deseo

El tiempo entrando en el cuerpo
se estira y se evade como mariposa
o brisa amable de los años o rabia salvaje
de los agotados recuerdos suspendidos
que de tanto recordarse a sí mismos se trastornan.
¡Yo existo! La gravedad es grande.
¡Pero yo existo! El deseo es fusionarse
o quizás sea un monstruo sin nombre
con piernas y manos de hombre
hogar del pensamiento oblicuo
que solo puede ser humano
y solo al ser humano corresponde.

EL FERVOR SE ENSEÑA

A golpe desnudo de ojo
—como tras un parto difícil—
los sueños dejaron de soñarse
convertidos en presente rojo,
en labios juntos y su mueca nueva
de conciencias disueltas por un tiempo breve
una en otra, hartas de piel y roces,
tibias de luz dorada, de auroras, de imágenes animales
bregando en búsqueda de la fusión difícil,
del alimento caduco que no sacia las bocas.
El *trema*, en su tensión delirante
encapsula así al tiempo y lo abandona
como esa rama tiembla y grita
que fue habitada por un ave
hasta el nuevo silencio de la palabra y el concepto,
la catástrofe cotidiana.

La conquista vertical

Quisiera que me describieras el método,
que agarraras mis dos manos con violencia
y me mostraras el camino hacia los fondos.

Bajo o alto, recorro mi deseo: durar o arder
en esa asimetría tan suave y amarilla
que es saberte por encima, embriagado de poder.

CREEMOS CUANDO CREAMOS

La cultura o lo más antiguo sublimado
¿por qué yo? ¿para qué sirvo?
La avidez, la mórula y luego el niño humano
creerán entorpecer al tiempo en su tarea
con la palabra justa o esos colores
que gritan ausencias y amor hacia un veneno
recibido con delicia y las palmas abiertas, bebido con sed.
Sonreímos hacia lo creado... Locos de lo aparente,
dementes en su delirio de música imaginado, animales.
El hombre consciente cierra hoy los párpados
sometido a lo más voluptuoso: un momento sin dolor.
Con él se afirma en su deriva y duerme tranquilo
bajo un cielo despejado de nombres, sin estrellas,
con su deseo que reposa por un instante, el ahora suspendido.

DESEQUILIBRIO

Mar de dudas amarillas
o de angustia colorada
por aquello que se abre
y se interpela y se amenaza
tras un gesto de deseo.
Y huiremos, sí, huiremos de lo negro
por un trozo de vida suave
con los dedos en los labios,
su caricia diminuta.

La utilidad del agujero

Buscando techo, cobijo
a esta soledad circular, perfecto escombro
una mujer se hunde hasta el gran fondo
pero no se ahoga todavía.

La inutilidad de la palabra

Duele tanto su distancia
la distancia miserable.

EL VERANO VALENCIANO

En tierra de acículas en nuestro Mediterráneo privado
riendo no comprendíamos el error todavía
y nos hundíamos tímidos y descalzos
en promesas sin fondo y ejercicios blandos
y como animales nos reconocíamos
sin examinar el usufructo el régimen lo desconsolado
que se seguiría de aquel verano sin dudas hermoso y leve.
En su cuerpo se leía tanto
como ese tatuaje digno de un preso y rojo en otros tiempos
que me señalaba una vida pasada de olivos y mataderos
de bodas de silencios tras la muerte de su padre.
Me quiso febril en su coche blanco
y en los campos llenos de sandías y en su casa de ladrillo
y en noches de luna pálida entre naranjos y grillos
caímos tan dentro, tan vencidos en la carne
sobreviviendo apenas apenas sobrevivimos
a la provocación del amor que no quiso
que no quiso quedarse.

MANUAL DE INSTRUCCIONES

Dejar de escribir de intentarlo de situar al deseo
en una Ítaca convaleciente de agua y sal marina
cavar un agujero para lo grande y después lo pequeño
dejar de anhelar es decir vivir sin miedo
sin nunca más este desgarro este incendio
esta inocencia pervertida por el cuerpo
y sus rarezas y tareas inconclusas y semillas
y entonces vivir del aire que se mece
lejos de la enfermedad de lo sin raíz de *aquello*
de los hombres-niño huecos trashumantes
tristes y solos buscando un sustento la luz
la luz que se apaga.

La hierba

La viñeta es hermosa: luces en el cielo que huyen con el día,
la claridad amenazada por nubes violetas, llenas de flores.
En un pedazo de tierra verde, a salvo del mundo y sus figuras
dos adolescentes aprenden a mirarse.
No interrumpo pues soy invisible, ellos no ven ni oyen
—con la primera vez ocurre así—.
Atravieso la escena con la sonrisa puesta y ligera todavía,
pues eso ya lo viví, pienso, yo también fui ella
en esa montaña verde, una noche de mayo antigua.
Y qué obsoletas quedaron las primeras veces con sus mitos...
O los cuerpos que se abren, seducidos de alegría
por el amor primero, el único que de verdad huye
de la parálisis del hábito repetido
de la nostálgica memoria que ya no vive
y solo sonríe en su agujero, quieta y desprendida.

La anécdota

Te veré al otro lado del deseo,
donde ya no tañen las campanas,
donde gime en silencio y constreñido
el mortal en su búsqueda perpetua.
Te esperaré en mundos multiplicados como peces,
en el alma de los edificios, en los paseos desde arriba.
Te veré de nuevo a través de la caridad y del rechazo
que juntos forman el lodo, el prisma del hombre.
Te adoraré desde mis máscaras y después de muerto,
siempre con frutos y rostros nuevos
preñados de entusiasmo y de luz amarilla.
Estarás en mí como hábito mismo, como alimento.
Te amaré como la lumbre calienta al triste lamento
con intacta melancolía a través de los años
hasta la desaparición de mi sombra atribulada,
descansada al fin.

LAUDES

Es tan suave a veces la ausencia de Fe; es un color y es un dolor.
Un cuerpo buscando lo inconstante, lo que ya conoció y le disminuye...
El espíritu, por otra parte y lleno de hierbas, pide que lo desbrocen
exigiendo lo más infantil, que es retener lo que muere o ascender.

Sabe amarga, hasta el fondo, la única certeza
del animal consciente
que reclama de rodillas, como gracia y hasta la salida del sol
la ingenuidad arrancada de aquella vez.

El verano todavía

Salíamos bien entrada la tarde
cuando la luz ya era naranja y no amarilla
dejando atrás, veloces, campos verdes de sandías
y casas blancas con sus animales dentro.
Oíamos entonces a los niños riendo en las albercas
o ruidos de cubiertos: eso eran el estío para nosotros y su maravilla.
Me gustaban tanto el esfuerzo o la tensión sobre su espalda
llena de lunares y marcas de fuego
—nos separaban años, suficientes para una asimetría—
y me gustaba aún más llegar juntos arriba
exhaustos y satisfechos, pues ahí nada se movía.
Solo a lo lejos el mar, a veces desapareciendo en una nube.
En aquellos tiempos las alusiones eran pocas
a la vida y sus misterios, los libros también eran pocos
y vivíamos un verano de cuerpos, lejos de las ruinas.
El presente eran la cala y la cuesta subida, la bicicleta
y el polvo, los pies descalzos cada mediodía,
el sudor por las noches, la cercanía.
Tan joven entonces, tan leve, tan descuidada de los años
sentía como un juego nuevo cada roce del mar y su caricia
y adoraba los tomates del huerto, a sus perros, a su madre solícita.
Siempre los labios salados, siempre en mis mejillas el sabor a mar
siempre la misma melancolía, bañada de luz mediterránea y antigua.
Y llegó inevitable la estación de los higos y volvimos a nuestra vida.
—No se va a repetir este verano —dijo,
y yo callé en un gesto de inmensa cobardía
hacia los campos que abandonábamos
con sus naranjos dorados, preñados de reminiscencias,
de cuerpos entonces extranjeros al método, cuerpos de sangre y agua,
cuerpos abandonados uno al otro, cuerpos que dejaron de ser islas
durante un tiempo, quizás una estación entera.

Ahora comprendo su corazón cansado de entonces
que reconocía al mío desarmado todavía y ajeno, tan ajeno
al instante suspendido, al verano que no volvería.

Invernal

Recuerdo cómo se estiraba en abanico
y salía sin arroparse al campo, a la mañana fría.
Una casa de piedra, dos ojos verdes,
un cuerpo de músculos tensados,
una espalda sólida, una madre y un trozo de tierra
con animales y frutales: suficiente para fundar una ciudad.
Recuerdo la conquista de su hueco cuando salía de la cama,
recuerdo oír, alucinada, el día que asomaba.
Después calentaba entre sus manos mis extremos helados de niña blanda,
de niña tibia de ciudad.

.

EL PODER

Desperté del sueño retorciéndome
y en mi cuerpo intacta se sentía
su pasión impresa con los años
y lo juvenil que ya fue, sublimado ahora
en su gesto firme y duro,
en la colosal caricia.
Todavía pesaba su cuerpo sobre el mío
que me dirigía en su agonía de fundirnos
a lo más hondo que quizás sea la mortal nada
o la excitación breve de la intimidad y su enigma
de dos cuerpos que se buscan ahora,
que siguen vivos.

Los alimentos terrenales

Que solo desees lo que puedas tocar, Nathanaël,
y no busques posesión más perfecta.

ANDRÉ GIDE

El hábito de reflexionar paraliza,
no somos sino el instante no pensado,
esa experiencia instantánea y pura
de vivir la embestida sin futuro ni pasado
del presente colosal, del hoy desertado
que habita un cuerpo y su misterio y unas manos
que son blancas y de voraz caricia o de brisa suave
o golpe violento o el deleite o el instinto liberado
o la entrega definitiva a lo más humano, que es la carne
sin fugas, sin vanidades, sin palabras necias o intermediarios
y sin ideas tibias e incompletas, pues qué buscamos
sino tocar aquello que se ama, poseerlo, hacer nuestros
los ojos pálidos que nos miran y nos anhelan tanto, solo ahora
en su impotencia que es roja y oscura, desde su caja de gritos.
Ojos que nos piden abandonar el símbolo, que es torpeza
y partir hacia otros cielos donde se desprecie toda idea,
superándose así el abismo entre las palabras y los cuerpos,
el agujero entre lo que decimos y lo que se desea.

Taxidermia

¿Quién liberará mi espíritu de las pesadas cadenas de la lógica?
Mi emoción más sincera se falsea
en el mismo momento en que la expreso.

ANDRÉ GIDE

Se encontraron con Digenis en sus eras y empezaron su cena
cortando el dolor en dos como parten
en sus rodillas el pan de la cebada.

YANNIS RITSOS

Abrir palabra por palabra el páramo,
abrirnos y mirar hacia la significante abertura,
sufrir para labrar el sitio de la brasa,
luego extinguirla y mitigar la queja del quemado.

IDA VITALE

LA SEMILLA

De niña ocurría que adoraba las mañanas
y les echaba un pulso inerme:
me resistía, por ejemplo
a quitarme las legañas.
Como el pañuelo tras el llanto
algo termina y comienza lo siguiente; y yo no lo quería.
Muy quieta desde las mantas observaba
a mis hermanos pequeños moverse, torpes
y aquello alcanzaba. Olía a sol arrobado, a leche caliente
a círculo perfecto, a una reproducción predecible.
A aquellas horas pertenecí
como niña inconsciente de piel amarilla
como reina del reino de los pálidos.
Y así comenzaba la zozobra.

LOS PRIMEROS HOMBRES

¿Es la existencia este retiro de piedra
enmascarado de vana inteligencia
y tan extraviado de los sentidos?
Los primeros hombres, ignorantes
de las causas, asisten sobrecogidos
a las primeras lluvias de la primavera
o al parto de una hembra que ruge
o a la muerte ajena. Rabiosos y extrañados,
se resisten ante el fin de sus conciencias.
Es incomprensible también para ellos
que tras la disolución ya no necesitemos nada,
por eso entierran a los muertos con sus lanzas.
Tantas abstracciones como lenguas en la tierra
buscan encajar la realidad en un vaso.
Yo no sé qué es lo que existe.
Sentir la diástole del alma henchida
que se turba y se conmueve
ante el amanecer dorado.

VIGILIAS

I

Mi alma esta noche se subleva
por un cariño que ya no la recuerda:
obligada, vuelvo la mirada
hacia días de distinta consistencia.

II

Entre bramidos,
soy ese perro desvalido
que perdió a su amo
pero aún lo huele.

SIN TIERRA

Y vislumbró, de repente
la multitud de lugares a los que iría.
Eran ciudades pequeñas y grandes
con sus tiendas, flores y catedrales,
eran a veces ciudades con puerto
o perfumadas de jazmín y de naranjas
y en todas ocurría algo idéntico:
tras la bienvenida de sus habitantes
aquellos le llamarían hermano, vecino.
Traspasaría, sí, muchos umbrales
con la sonrisa cansada del que ama
pero no consigue respetarse a sí mismo.
Sí, eran infinitas las ciudades
en las que se ratificaría su condena
de hombre solo, de apátrida, de enloquecido.

Y vivió así, entre los otros, con su sonrisa blanca,
tan blanca que en silencio parecía pedir auxilio,
un descanso, un silencio, un lugar donde quedarse.

Noche transfigurada

La poesía vive en la carne, una carne de angustia y muerte
a la vez empapada de vida,
de un amor que lo permea todo lentamente
gota a gota en su propósito: el eterno acercarse que no llega,
pues lo que toca perece:

la posesión siempre imperfecta.

Pero fue noble el intento: un silencio quebranta la noche,
el ardor del comienzo, el cuerpo caliente, la hoja amarilla.

El enfermo

No vas a encontrarlo en lo que sube y luego baja
ni en los compartimentos estancos de los enamorados
tampoco en ellos que dan vueltas y vueltas
pretendiendo recorrer grandes distancias
para luego aterrizar donde empezaron.

No, no es de este mundo, sino de otro lleno de luz:
el del olor a hierba cortada o el de la espuma de la leche
o el de los niños que nacen y el de los que ceden el paso.

El mundo de él, que sonríe cansado desde su cama blanca,
consumido y muy consciente de sí. Hoy se conmueve
con la proximidad de la primavera y se concentra en ello:
los almendros, las alergias, los días más largos,
el sueño ligero, las meriendas. Asiste a lo que comienza
y desde su mortaja incómoda lo vive intensamente.

Quisiera llegar —me dice— *a la estación siguiente.*

FALLAS

Tienen algo los fuegos —serán el olor o la música—
que reafirma nuestros pesares y los hace más nuestros.
Alrededor, rostros entusiasmados. Y yo moro estas paredes viejas,
el olor del pan, el sabor a pesadumbre...
La mano que se tiende se me antoja tan lejos, tan imposible.
El cielo de oro en la noche me lo confirma: no pertenezco.
Mi hermana mientras tanto me mira amablemente
y su sonrisa provoca a la mía que desiste y se sonríe
ante su carácter de hojas frescas y rocíos,
ante una voz que huele a cielos abiertos y niños felices.
Desde el gris y sus particulares voy hasta sus manos
que acogen en un gesto aún infantil todo lo que existe para mí,
consternada y humillada. Late todavía una soledad siempre distinta
y siempre dispuesta a ser destruida por mi hermana o por su risa
o por el cielo de Valencia: quizás será la esperanza de una visión ingenua.
De repente, en una alucinación alta y azul, el arduo camino de vuelta
a la misericordia y al cariño,
a Él que nos mira apesadumbrado y se conmueve y que es amor,
amor puro por su deteriorado mundo.

Aprender a leer

Un día nuevo había llegado
y el niño creía en él.
Los cuentos con sus dibujos eran posibilidad pura,
mundos amarillos de héroes, de batallas
—no leía todavía, pasaba entonces las páginas soñando—.
Después vendría la lógica con su sabor inhumano:
la palabra leída como primer duelo, como pérdida,
lo sensorial para siempre acotado.

MATERNIDAD

Puedo sentirte sin verte,
vida no vivida condenada por tus padres
toda la vida posible ahora pública en un cuerpo
—el mío—
culpa eximida.
Intento no pensar en lo injusto que es tenerte
y arrancarte de la nada plácida a una vida
que a tantos disminuye y aborrece.
Intento no imaginarte como vida abandonada
en un mundo tan bello como inflado de ignominia
pero capaz de lo más elevado —el amor humano— y a la vez
de lo más bajo, que también mora dentro del hombre.
Deberás comprender que *ellos* somos nosotros.
¿Reconocerás la piedad cuando la veas?
No te veo, pero sí asisto a las consecuencias del milagro:
intuyo ahora que nací para ti, que hasta tenerte
fui yo vida no vivida, páramo frío, carne sin alegría.
Y muerta de miedo te espero, aunque también
con esperanza firme y ciega
en tu corazón que es todavía puro
y que alimentaré conociendo su destino de piedra:
el sudor y la sangre, el deseo de fusión y su súplica
que compartiremos contigo, también cuando no comprendas
y quizás nos desprecies por haberte concebido.
También mirarás a lo alto y a lo lejos o entre lo verde
e intuirás, espero
cómo con paciencia y Fe se vuelve al vientre materno
en una vida que no será la nuestra, sino otra y más perfecta
donde no llora ningún niño.

LOS MANCOS

Vivir en ruinas, sí,
ruinas habitables
y habituales en las que aprendimos
a pasear solos, a cultivar las faltas.
Solos entre caras amables que ríen
y que incluso celebran nuestro nombre
un nombre que sabemos,
tendremos que devolver a la tierra.
Si llega la hora, descansaremos.

Y heredaréis la tierra

Y quién heredará este suelo,
esta mezcla amorfa
que tanto han descuidado
sino los mancos y los tuertos,
los que sintieron tanto.

ATARAXIA

Ah, escribir o esa forma de engañarse:
la exposición macabra de una verdad a medias.
Recorriendo soledades ansiamos a los otros,
ser como ellos y convivir en campos recién segados
y atardeceres nuevos. Los amarillos, por nostalgia o
sin razón aparente, no los disfrutamos.
Sentimos tanto. Es una enfermedad de piedra.
Ah, ansiamos tanto formar parte, compartir
esa hebra negra de cabello que se mece,
obediente, sobre una frente querida. O las caras
de entusiasmo, a veces por cosas vanas y excesivas.
Pero también nos enternecen. Y también, envidia.
A nosotros nos perdonaron tantas veces los delirios
de quien no piensa en lo que muere...

LA CENA

Estamos en abril y el cielo pesa menos, desprendido
y los días más largos nos animan a vivir.
Te miro intensamente mientras aclaras los cubiertos,
tus manos que son mapas grandes, fuentes de agua,
dos manos tercas y cansadas, manos de marinero.
Manos que creen conocerme por los efectos y sus marcas,
¿cómo explicarles que no soy ese umbral feliz que han traspasado
sino el sótano vacío, las puertas cerradas, el sonoro balbucir?

EXPOSICIÓN
(O PORNOGRAFÍA DE UN DOLOR)

Entre lo cálido y lo frío,
entre el sentido y su intemperie,
lo creado:
fotografías de lo que vivieron otros,
una mano lejos de la siguiente.
El mal y la culpa son lo que se exhibe.
El cuerpo es siempre íntimo
¿no merece entonces trascendencia?
De nuevo tiemblo y me encojo y soy un niño
que sueña con su aproximación a la tierra.

EL MUERTO VIVO

No quiero más ficción,
querría estar sola
y a la vez viene y arrecia el miedo
de morirme sola como un perro
deshuesado, sombra de lo que fui.
Cuerpos ahora enfermos
que lo albergaron todo alguna vez:
la alegría y el gozo, la boca llena de cerezas
cuerpos tersos en el regazo de su madre
o mojados en la alberca y llenos de verano
cuerpos de mejillas rojas cuando, en la infancia
todos se enfadaban por la pérdida de un guante.
Cuerpos a los que ahora nadie se acerca
pues reflejan el invariable final al que tendemos todos.
Cuerpos invisibles pues duele mirarlos
duele tanto mirar lo muerto que aún no se deshace...
Sí, lo vivo siempre huye de lo muerto.
El muerto con sus hijos y hermanos que esperan fuera, consternados
pero deseando claramente el fin, porque así acaba su agonía
de ver al que arreglaba los grifos y cocinaba maravillas
tan amarillo y tan ceniza, tan distante de lo vivo.
Ahí está el muerto que habla todavía, antes de ahogarse.

LA ORACIÓN

Abre los ojos el condenado y los apunta hacia un cielo que se abre
ignorante de lo mezquino y lo humano.
                        [La razón, ahora amarga, ya no le sostiene.
El sueño y el golpe frío de la mañana se abren paso a través de un aire
denso y velado, lleno de nombres en una vida de hombre.
Es miserable pues quisiera vivir todavía y volver a sus tierras amarillas
y de sus faltas se lamenta y siente frío en la nuca y llora de repente.
Huele a leña, el sollozo sobreviene y el condenado se dobla y reza
juntando las palmas y temblando como un niño; la culpa es triste y vieja.
Se pregunta si fue digno de vivir entre los hombres
y la rabia contra los que se quedan le ciega, le ciega y le enloquece.
El sol apunta ya alto y señala obediente la proximidad de su hora
y el hombre más solo de la tierra se deshace y comprende ahora
la soledad infinita del abandonado
y con estos pensamientos mira al cielo y enmudece.

Nueces mordidas

Mayo revelándose en una calle muy querida
                                    la Vitrubio
mientras se encienden sus farolas una a una
y se eleva un aire tan leve y tan templado
que apenas despeina las acacias.
Huele a otra noche que ya empieza,
al entreacto entre la primavera y el verano,
a la pasión que se desea primero, tanto
que se siente hasta en el aire desprendido
y que luego llenará orgullosa las bocas de fruta fresca,
de besos y sabores nuevos.
Y yo soy solo una mujer de piedra negra endurecida,
una garganta de nueces enteras estalladas,
la melancolía absurda y sostenida
                                    que se abre
en un cuerpo de cansancio grande y curvo,
peso inútil en esta tierra que gira.

LA MANO AMIGA

A Raquel Martínez

Raquel, niña mía
todo lo que tocas lo engrandeces
desde tu mirada sencilla y con tus manos
que tanto cuidan, tanto
y tan poco buscan, orgullosas, sostenerse.
Raquel, tú miras y el mundo se vuelve verde
y se suben las persianas y entra el aire del verano
y se perdonan las familias y la casa huele a pan.
Raquel, qué decirte si lo he visto: te conmueves
ante la cruz del otro, ante su miseria moral.
Tu compasión es bienvenida porque es leal y dulcifica
sin llegar a ser ni pegajosa ni impaciente,
más bien es un nido de luz o una mano que se tiende
o quizás sea el mar cuando es silencio y anochece:
sentimos que existe para nosotros y cuando nos miras
olvidamos un instante
el dolor de lo siguiente.

Taxidermia

Expiró el mundo
en un único sollozo. No hubo estallido final, ni gritos
ni un juicio de sangre. Volvimos, obedientes, al polvo.
Y no quedó nadie.

¿Se abrirá alguna puerta
al taxidermista que intentó detener
y dilatar el tiempo en su textura
—un poeta menor—
o quizás a aquel que miró a la muerte tan sereno
y satisfecho de una vida examinada,
o a aquel que buscó en la verdad toda belleza
y murió de rodillas, todavía tibio?
Eran la ausencia de sensación, un sueño sin imágenes.
También la conservación pura de las partes,
el deseo cercenado y consumado en nichos, todos iguales.
Era una conciencia suave y aturdida, destronada al fin.

Mira bien mi mano blanca con vida todavía,
mi mano y su sangre, tendidas hacia ti.

AGRADECIMIENTOS

Escribo estas líneas agradecida a todos los que me acompañan hoy y me acompañaron en otros tiempos. Gracias especialmente a Julio Bollaín, Alejandro Compaired, Luis Caballero, José Lázaro, María Paz y Abigail Huertas por sus edificantes ideas y por recibir con alegría mis textos. Gracias a Emilio Sánchez por su ejemplo. Gracias a Teresa Bollaín por la profundidad, pero sobre todo por la superficie. Gracias a Jorge Sánchez por su confianza y por enseñarme otros mundos. Gracias a Raquel Loga por su disposición infinita. Gracias a Chema Martínez, Teresa Gómez y demás compañeros por su presencia y afecto. Gracias a Eduardo Sevilla, Laura García de la Reina, Marta Rigau, Laura del Estal, Laia Rull y Raquel Martínez por su amistad y por los años. Gracias a Jacob Dalmau por las puertas abiertas y la música, y al Mossèn por su cercanía con todos. Gracias a tantos otros. Gracias a mi familia y gracias a mi abuela; mis aciertos serán siempre los suyos.

ÍNDICE

Trema

Taxidermia